LA

SITUATION FINANCIÈRE

ET LE

BUDGET DE 1850

PARIS. — IMPRIMERIE DE J. CLAYE ET Cᵉ

RUE SAINT-BENOÎT, 7

LA

SITUATION FINANCIÈRE

ET

LE BUDGET DE 1850

PAR

M. E. DE LAVAL

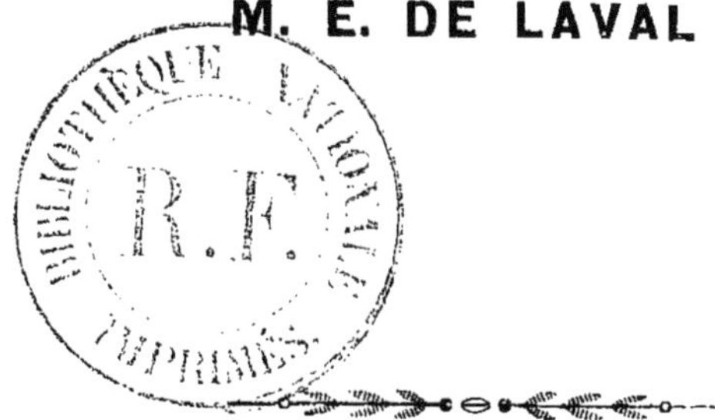

PARIS

AMYOT, LIBRAIRE-ÉDITEUR

6, RUE DE LA PAIX

1849

INTRODUCTION.

Après le 24 février on nous a dit : attendez l'Assemblée constituante.

Après la réunion de l'Assemblée constituante on nous a dit : attendez la Constitution.

Après le vote de la Constitution on nous a dit : attendez l'élection du Président de la République.

Après l'installation du Président de la République on nous a dit : attendez la Chambre nouvelle.

Aujourd'hui nous n'attendons plus rien, et d'espérance en espérance nous sommes arrivés à un degré de prostration politique et commerciale inouï dans l'histoire de nos plus mauvais jours.

Celui qui écrit ces lignes n'est ni un agitateur,

ni un ennemi systématique et rancunier des institutions actuelles. Honte à qui triompherait des embarras du pays au profit de ses affections ou de ses regrets !

La révolution de février a froissé bien des convictions, brisé bien des sympathies. Il faut accepter les faits accomplis.

Nul ne peut savoir quel avenir éloigné Dieu réserve à la France. Tous les gouvernements qui se sont succédé depuis soixante ans auraient dû apprendre aux nouveaux venus à ne pas se décerner à eux-mêmes un brevet d'immortalité. Ce qu'on peut affirmer, c'est que dans la situation présente des esprits et des choses, en face de la scission profonde qui divise le parti monarchique, il serait insensé de chercher un remède à nos maux dans le rêve du rétablissement de la monarchie.

Que tous les bons citoyens se rallient donc franchement et du fond du cœur à la République.

Le salut de la patrie est là.

1er septembre 1849.

LA

SITUATION FINANCIÈRE

ET LE

BUDGET DE 1850

CHAPITRE PREMIER.

EXPOSÉ DE LA SITUATION FINANCIÈRE PAR M. LE MINISTRE DES FINANCES.

On doit savoir gré à **M.** le ministre des finances de la franchise qu'il a apportée dans l'exposé de la situation financière. Quelque mauvaise que soit cette situation, il fallait qu'elle fût nettement établie. C'est le moyen de dissiper à la fois la confiance aveugle des uns et les craintes exagérées des autres.

Comme il s'agit du budget de **1850**, les choses sont prises dans l'état où elles se trouveront à la fin de l'année courante. Ainsi le **31 décembre 1849** le chiffre des découverts sur les budgets antérieurs s'élèvera à 550,000,000 fr.

Voilà pour le passé.

Quant à l'avenir, les dépenses prévues pour l'année 1850 s'élèvent à. . . . . 1,591,332,077 fr.
Et les recettes à. 1,270,953,849

Déficit. 320,378,228

Il faut remarquer, en outre, que dans les recettes figure le produit de l'impôt sur les boissons comme s'il était déjà rétabli.

Ainsi, en nombres ronds, 550 millions d'arriérés anciens et 320 millions de déficit prévu sur l'année prochaine, tels sont les besoins auxquels il faut pourvoir.

M. le ministre s'occupe d'abord des 550 millions, et attendu que les ressources procurées par la dette flottante ne peuvent pas s'élever au-dessus de 350 millions sans nuire au crédit de l'État, il propose la création d'un emprunt de 200,000,000, afin de rentrer dans cette limite.

En ce qui concerne le déficit de 320 millions, M. le ministre propose :

1° La création d'impôts nouveaux et le remaniement d'impôts anciens, devant procurer une somme de 79 millions, et la mise en recette du produit de la dotation de l'amortissement s'élevant à 65,867,167 fr. Ce qui donne une augmentation totale de recettes de. . . . . . 144,867,167 fr.

2° L'annulation des réserves de l'amortissement qui diminuera le chiffre des dépenses de 79,371,693 et la création de fonds spéciaux destinés à solder les travaux publics extraordinaires, et s'élevant à 103,184,000; lesquels fonds viendront encore à la décharge des dépenses ordinaires. Total : 182,555,693.

Ainsi, d'une part, les recettes augmenteront de. 144,867,167

Tandis que de l'autre les dépenses diminueront de. 182,555,693

Total. 327,422,860

Or le déficit prévu était de. . . 320,378,228

Il se changera en un excédant de   7,044,632

Tels sont les voies et moyens qu'il importe d'examiner attentivement.

CHAPITRE II.

EXAMEN DES VOIES ET MOYENS PROPOSÉS PAR M. LE MINISTRE DES FINANCES.

Emprunt de 200 millions. — Maintien de la dette flottante au chiffre de 350 millions.

Quelle est l'origine de la dette flottante? Quelle en est la destination?

Quelquefois elle sert à parer à des dépenses imprévues et immédiates qui seront régularisées plus tard.

Ordinairement, et dans une situation normale, elle est destinée à suppléer à une insuffisance momentanée ou à un retard dans la rentrée des recettes. — C'est ce qu'on appelle chez les industriels un fonds de roulement.

Ainsi, pour rester dans la vérité des choses, les Bons du Trésor et généralement les titres quelconques de la dette flottante ne devraient jamais être

émis payables à une échéance plus éloignée que la
fin de l'année courante; et si cette condition n'est
pas remplie ou si ces titres sont renouvelés, ce qui
revient au même, il faudrait qu'ils pussent être ac-
quittés sur l'excédant des recettes après le règle-
ment définitif des comptes de cette même année.
Hors de là la dette flottante n'est qu'un véritable
déficit qui ne peut disparaître que par une consolidation ou par l'application des boni des années
suivantes.

Comme il serait insensé de compter sur un
boni l'année prochaine et même avant longtemps;
comme d'ailleurs, ce cas échéant, il est indifférent
d'éteindre les dettes sous quelque forme qu'elles se
présentent, on ne comprend pas bien pourquoi
M. le ministre propose de ne consolider que **200** millions de découverts antérieurs sur les **550** qui exis-
teront au **31** décembre **1849**. Est-ce la crainte de
demander aux capitalistes une somme trop considérable? Mais que cette somme soit affectée à un
emprunt ou reste placée en bons du trésor, cela
est identiquement la même chose. Il est probable
même que le remboursement des bons du trésor

fera refluer vers la rente une masse considérable de
capitaux, en relèvera le cours et permettra ainsi de
négocier à de meilleures conditions les dernières
portions de l'emprunt. Au contraire, le renouvel-
lement indéfini des titres de la dette flottante n'a
d'autre résultat que d'affaiblir le crédit de l'État, et
peut, dans des circonstances critiques qu'on n'est
que trop fondé à prévoir, présenter des difficultés
et des embarras sérieux.

Mais, dira-t-on peut-être, certains capitalistes
préfèrent à la rente un billet à échéance déterminée.
A cela il est aisé de répondre que le porteur d'une
inscription de rente la réalise quand il le désire en
vendant cette inscription à la Bourse, et que le jour
où cette négociation deviendrait impossible, c'est
que l'état des finances serait tel que les porteurs
des bons du trésor seraient certains de ne pas être
payés à l'échéance.

En résumé, quelle que soit la forme de cette
dette arriérée, le service des intérêts exigera une
somme annuelle de 30 millions environ. — Nous
examinerons plus loin quels sont les moyens d'y
pourvoir.

Annulation des réserves et mise en recette du produit de la dotation de l'amortissement.

En approuvant complétement l'emploi de ces ressources, qu'il nous soit permis de dire toute notre pensée à l'égard de l'amortissement.

Il faut un certain courage, d'autres diront une grande présomption, pour attaquer une institution qui est défendue par les hommes les plus compétents. Nous ferons remarquer cependant que les plus habiles systèmes financiers pèchent presque toujours parce qu'ils manquent d'une certaine base, et cette base inconnue, c'est l'avenir. Telle mesure excellente aujourd'hui devient mauvaise ou impraticable dans un autre temps et dans une autre situation.

Quoi de plus rationnel, par exemple, que le principe de l'amortissement? L'État emprunte et avec cette confiance un peu téméraire des gens qui liquident leur passé ou qui réalisent des capitaux pour une excellente spéculation, il ne suppose pas un seul instant qu'il soit obligé de contracter un

jour des dettes nouvelles. Bien plus, il a la ferme
intention d'amortir les engagements qu'il prend ac-
tuellement, soit au moyen de ses économies, soit
avec le produit de sa spéculation. Certes personne
ne serait tenté de critiquer une administration si
sage et si prévoyante. Mais si au lieu de faire des
économies il continue par sa propre faute, ou par
suite de circonstances indépendantes de sa volonté,
à dépenser plus que ses revenus; si la spéculation
qu'il croyait excellente devient mauvaise ou exige
un supplément de fonds, il arrivera infailliblement
de deux choses l'une : ou bien l'État suspendra son
amortissement, ou bien il empruntera d'un côté
pour payer de l'autre, et effectuera ainsi un amortissement fictif.

Nous croyons ce dilemme à l'abri de toute réfu-
tation. Il y a plus : l'amortissement tel qu'il est
pratiqué nous paraît présenter une particularité tout
à fait irrationnelle. Voici en quoi elle consiste :

Il a été décidé que l'amortissement cesserait
d'avoir lieu toutes les fois que le cours serait au-
dessus du pair ou de 100 fr. Mais *ce pair*, c'est-à-

dire la somme qui représente le capital calculé à raison de cinq pour cent, devrait varier proportionnellement suivant le fonds auquel il s'applique. Puisqu'on n'amortit plus le 5 p. 0/0 au-dessus de 100 fr., y a-t-il une raison quelconque pour qu'on amortisse les autres fonds à un taux relativement supérieur ? Évidemment non. En outre, comme depuis plusieurs années le 5 p. 0/0 a toujours été le moins cher de tous nos fonds, par suite de la crainte du remboursement, il en est résulté que l'amortissement a toujours porté sur les fonds les plus élevés, ou, en d'autres termes, sur ceux dont le rachat était le plus défavorable.

L'amortissement n'est avantageux pour l'État que que quand il a lieu avec des excédants de recettes, et dans ce cas il n'a pas besoin d'être stipulé à l'avance ; il se pratique à la Bourse comme lorsqu'un particulier achète de la rente. Dans le cas contraire, si l'État est obligé d'emprunter pour amortir, *quel que soit le cours de la rente*, comme le remboursement se fait simultanément et au même taux que l'emprunt, il est évident que l'opération se résume en une simple mutation de titres.

L'amortissement est-il au moins avantageux pour les porteurs d'inscriptions? Nullement. A coup sûr l'intérêt d'un créancier est toujours que son débiteur amoindrisse sa dette; mais c'est à condition qu'il ne contractera pas d'obligations nouvelles, sans quoi sa position demeure identiquement la même.

Reste une dernière objection. On dit que l'amortissement facilite les emprunts en donnant au créancier la certitude d'être remboursé. Nous demanderons d'abord à tous les hommes pratiques s'ils connaissent un seul exemple d'un acheteur de rentes qui ait été déterminé par la considération de l'amortissement. Nous ajouterons que la convenance d'un remboursement ne peut pas exister sans la détermination précise de l'échéance. En effet, ou bien le créancier a besoin de son argent pour une époque déterminée et dans ce cas l'amortissement ne lui donne aucune garantie; ou bien, quand son tour d'amortissement arrivera, il faudra qu'il rachète de la rente ou qu'il cherche immédiatement un autre placement. Enfin rien n'est aussi facile que de réaliser une inscription de rente, puisqu'il suffit de la porter à la Bourse, où il s'en vend chaque jour

2

une quantité bien autrement considérable que celle absorbée par l'amortissement; et si là cette vente était impossible, si l'inscription ne trouvait pas de preneurs, c'est que les finances publiques seraient dans une situation telle que l'amortissement n'existerait pas davantage.

En résumé, en attendant qu'on ait fait disparaître de notre comptabilité un rouage inutile et compliqué, on ne peut qu'approuver la mesure proposée par M. le ministre des finances, qui n'est autre chose que la suspension de l'amortissement et qui dégrève le budget de 1850 de 145,238,860 fr.; c'est-à-dire, d'une somme équivalente presque à la moitié du déficit prévu.

Création d'impôts nouveaux et remaniement d'impôts anciens.— Impôt sur le revenu.— La rente publique est-elle imposable?

Nous voici arrivés au dernier appel des gouvernements en détresse, à l'impôt sur le revenu.

Le projet de loi proposé par M. le ministre nous paraît grave dans son principe, dans son application et dans ses conséquences.

Il nous paraît grave dans son principe parce qu'il assujettit à l'impôt des revenus qui sont et doivent en être exempts ou qui se trouvent déjà imposés sous une autre forme.

Il nous paraît grave dans son application parce qu'il présente de grandes difficultés de taxation, parce qu'il est éminemment vexatoire et qu'il peut amener des conflits.

Il nous paraît grave dans ses conséquences parce qu'il tend à diminuer encore, s'il est possible, le travail national et à élever le prix du revient de nos produits vis-à-vis des produits étrangers.

On nous dit d'abord que cet impôt est le plus juste de tous parce que chaque citoyen doit participer aux charges publiques dans la proportion *de ses ressources*. Il serait plus exact de dire : dans la proportion *des services qu'il reçoit de l'État*. En effet, si on remonte à l'origine des nations, on reconnaît que la pensée sous l'influence de laquelle elles se sont formées n'a pu être mise en pratique qu'au moyen d'un système d'obligations réciproques entre chaque individu, et un pouvoir supérieur qu'on appelle *gou-*

vernement. Ainsi, le maintien de l'ordre moral et matériel, la sûreté des personnes, la conservation de la propriété, la mise en valeur des éléments de richesse du pays, la répression des crimes et délits, tels sont les principaux engagements du gouvernement envers les particuliers qui doivent de leur côté lui fournir les ressources nécessaires pour remplir sa mission. A cette condition les droits et les intérêts individuels ont été désarmés pour se trouver placés à la fois sous la tutelle et sous l'empire de la loi. Il faut donc pour rester dans l'équité que les obligations de chacun soient proportionnelles à ces droits et à ces intérêts. C'est là le vrai principe qu'il ne faut pas perdre de vue toutes les fois qu'il s'agit de l'établissement et de la répartition des impôts.

Sous ce rapport rien de plus facile et de plus légitime que les impôts indirects, qui sont réellement payés par celui qui consomme et qui souvent les ignore. Autant que possible modérer la taxe et ne pas surcharger les matières de première nécessité, voilà en quoi consiste la tâche d'une bonne administration. La question se complique quand il s'agit des impôts directs, mais le principe ne change pas.

Ainsi, la patente pour le commerce et l'industrie qui ont besoin de protection et de débouchés; la contribution foncière pour la propriété qui doit être mise à l'abri de toute atteinte et pourvue de voies de communication pour écouler ses produits; la contribution mobilière et personnelle pour la sûreté des personnes et des valeurs qui sont les plus intéressées à ce que l'ordre matériel ne soit pas troublé même passagèrement; l'impôt des portes et fenêtres qui, s'il ne trouve pas son application immédiate et directe, se justifie du moins en ce sens qu'il frappe tous les citoyens sans exception et d'une manière très-équitable; la loi de recrutement, qui procure des défenseurs au pays : tout cela se comprend et doit être supporté par tous, comme un mal nécessaire et sans lequel il n'existerait ni ordre, ni gouvernement, ni nation, ni société.

Il n'en est pas de même du nouvel impôt proposé, qui frappe indistinctement tous les revenus sans remonter à leur source et sans apprécier la protection qu'ils réclament de l'État. Pour ne citer qu'un seul fait, peut-on, par exemple, imposer les revenus des capitaux placés en pays étrangers, et payant dans ce pays tous les droits relatifs à la propriété ou au travail d'où ils découlent? Ce ne sera pas assez que celui qui en jouit les dépense en France où déjà il paie en outre les impôts de résidence, c'est-à-dire, la contribution mobilière et personnelle et l'impôt des portes et fenêtres ; on viendra encore lui demander une portion de ce qu'il tire du dehors. Non, sans doute, cela ne peut pas exister. Il serait facile de multiplier les exemples, si celui-ci n'était suffisant pour démontrer que le principe de l'impôt sur le revenu repose sur une base fausse et inique. Examinons-le maintenant dans ses développements.

Il est impossible d'énumérer complétement tous les revenus ; on peut dire cependant d'une manière à peu près générale qu'ils proviennent :

1° De l'exploitation directe ou indirecte des biens immobiliers ;

2° Des intérêts des capitaux engagés dans le commerce ou placés soit en rentes publiques, soit par contrats hypothécaires, soit sur simples billets ;

3° De l'exercice d'une profession ou d'une industrie ;

4° Du traitement attaché à un emploi dans une administration publique ou dans une entreprise particulière.

Dans le premier cas, l'impôt sur le revenu n'est pas nouveau ; ce n'est qu'un accroissement de l'impôt foncier. Il vaut mieux le dire nettement et se demander si la chose est possible. Tout le monde répondra : Non.

Dans le second cas, il faut d'abord écarter les emprunts hypothécaires ; car si on impose le prêteur parce qu'il est provisoirement détenteur et peut être regardé jusqu'à un certain point comme propriétaire de l'immeuble, il faudra par compensation dégrever l'emprunteur qui, d'après ce système, est censé dépossédé. S'agit-il des billets privés et des obligations simples ! mais ils sont déjà frappés du droit de timbre et d'enregistrement. S'agit-il des fonds engagés dans le commerce ! mais ils sont soumis à l'impôt de la patente. Reste la rente publique, et ici, au premier aspect, la question est spécieuse, mais ne résiste pas à un examen plus approfondi. En effet, l'administration d'un pays n'est pas autre chose qu'une grande spéculation faite par tous au profit de tous. C'est, comme nous l'avons déjà dit, le résultat d'une convention entre le gouvernement et les gouvernés, entre les directeurs et les intéressés. Or, on conçoit bien que les premiers demandent aux seconds toutes les ressources qui leur sont nécessaires. Mais les *créanciers* ne sont pas des *intéressés*. Les capitaux placés dans la rente ne sont pas français, ou plutôt ils n'ont aucune nationalité ; on ne peut sous aucun prétexte leur demander de contribuer aux charges de l'État, ni par conséquent de réduire leur intérêt. Il n'y a que deux partis à prendre : ou payer intégralement et avant tout les rentiers, ou déclarer hautement que la France est hors d'état de remplir ses engagements. Il ne s'agit pas de savoir si les possesseurs d'inscriptions ont placé leur argent mieux que d'autres ; il s'agit d'exécuter ou de ne pas exécuter le contrat.

Dans le troisième cas nous dirons des industriels ce que nous avons déjà dit des commerçants, c'est qu'ils paient l'impôt de la patente qui n'est autre chose qu'une prime prélevée sur le produit de leur industrie. Hors de là, nous trouvons les officiers ministériels et les individus qui exercent une profession libérale, tels que les artistes, médecins, avocats, etc. Voilà les deux seules classes de citoyens qui ne soient assujetties à aucun impôt spécial et auxquelles pourrait être appliquée la loi sur le revenu, sans faire double emploi.

Enfin, dans le quatrième cas, les employés des administrations particulières ne sauraient être imposés, puisqu'ils sont rétribués sur les fonds d'une entreprise qui paie elle-même sa part des charges publiques. Il ne reste donc plus que les serviteurs de l'État, et nous traiterons cette question dans le chapitre suivant. Jusque-là, disons seulement qu'à leur égard, l'impôt sur le revenu doit s'appeler une diminution de traitement.

Il résulte de cette décomposition, que le projet de loi n'est autre chose qu'une aggravation des impôts déjà existants, en exceptant deux classes de revenus dont l'une est insignifiante et l'autre se trouve non pas imposée, mais chargée de restituer à l'État une somme qu'il peut retenir directement.

Si on veut une aggravation d'impôts, si cette

mesure est nécessaire au salut commun, il vaut mieux le dire franchement que de s'exposer à bouleverser le pays par la perception d'une taxe dont l'établissement est très-difficile, et ne peut avoir lieu qu'au moyen de formes essentiellement vexatoires.

Il est inutile de chercher à démontrer que personne ne se soumettrait qu'avec une extrême répugnance à une investigation minutieuse de sa fortune. Il est probable que dans la classe moyenne et au-dessus, on userait de la faculté de faire une déclaration spontanée que le gouvernement accepterait au moins dans les premières années et il en résulterait que les gens de bonne foi paieraient deux et trois fois plus que les autres. D'un autre côté, si on n'usait pas de la faculté de la déclaration spontanée, il faudrait procéder à une taxation contradictoire, et comme cette taxation ne pourrait être basée que sur le revenu de l'exercice courant, elle ne pourrait être perçue qu'après cet exercice révolu, et ne pourrait par conséquent servir à combler le déficit de l'année 1850.

Et quelles difficultés ne rencontrerait-on pas dans

la taxation contradictoire ! On nous cite l'Angle-
terre ; mais là on compte par milliers les fortunes
immobilières , et les grandes compagnies dont les
revenus sont faciles à apprécier. Chez nous, il n'en
est pas de même, un très-petit nombre est riche ou
même dans l'aisance ; l'immense majorité vit d'un
état ou d'un salaire journalier. Ce n'est pas tout,
quand vous serez parvenu à établir les revenus de
chaque individu, il faudra déduire ses dettes. Vou-
dra-t-il et pourra-t-il les avouer !

Ne nous jetons donc pas inutilement dans un dé-
dale inextricable. Du reste, il est à croire que l'opi-
nion publique s'est déjà formulée d'une manière
assez précise pour que le gouvernement ne persiste
pas dans son projet.

**Création de fonds spéciaux servant à solder les travaux publics
extraordinaires. — Chemin de fer de Paris à la Méditerranée.**

Le projet de budget nous propose dans le but de
faire face aux dépenses des travaux publics extraordinaires, de créer des titres au capital nominal de
500 fr., produisant un intérêt qui serait fixé tous

les ans par **M.** le ministre des finances, et ne pourrait excéder le cours moyen des rentes pendant le
mois précédent. **A** cette création seraient attachés
en outre un amortissement annuel de **2** pour cent
et un remboursement facultatif de la part de l'État
jusqu'à concurrence d'un cinquième des obligations .
à amortir.

L'avantage de ce système, nous dit-on, est d'éviter les inconvénients qui s'attachent au renouvelle-
ment des bons du Trésor, et de rejeter sur l'avenir
les charges de travaux dont le produit se traduira
en augmentation de recette sur les exercices futurs.
Mais il est évident que la rente perpétuelle satisfait
bien mieux encore à ces conditions. Examinons
donc si sous d'autres rapports les nouveaux titres
doivent obtenir la préférence.

La fixation de l'intérêt nous paraît présenter une
grave anomalie, en ce sens qu'à mesure que les
finances publiques se relèveront, la position des prêteurs deviendra plus défavorable; telle sera la ré-
compense du concours qu'on leur demande. Cela
est facile à prouver par des chiffres. En effet, le

cours du 5 pour cent étant aujourd'hui de 90 fr., avec un capital de 500 fr. j'achète une inscription de 27 fr. 77 c. Supposons que j'emploie mes 500 fr. à acheter un titre de la nouvelle création et que le cours moyen de la rente monte à 100 fr. : on me fixera mon intérêt en proportion, et je ne recevrai que 25 fr.; supposons le cours moyen à 110 fr., je ne recevrai plus que 22 fr. 75 c., et ainsi de suite. Si au contraire le cours des rentes baisse, nous tombons dans une autre conséquence : la position des prêteurs devient meilleure, et l'État se trouve obligé d'aggraver le fardeau de ses engagements antérieurs de tout le poids de l'influence des embarras du moment.

Voilà pour l'intérêt; voyons ce que devient le capital. Sans répéter ici ce que nous avons dit plus haut à l'égard des rentes, nous rappellerons seulement que dans les circonstances critiques l'État est réduit à suspendre l'action de l'amortissement, et d'ailleurs, dans ce cas, l'amortissement constitue toujours en perte le créancier qu'on rembourse. Les circonstances seront-elles au contraire favorables? Alors, comme en vertu de la clause relative à la fixation de l'interêt, le cours des obligations ne s'élèvera jamais au-dessus de leur valeur nominale de 500 fr., il en résulte que les obligations frappées par l'amortissement seront remboursées au pair, tandis que les capitaux qui entreraient aujourd'hui dans la rente réaliseraient un bénéfice.

De telles conditions ne sont pas faites pour tenter les capitalistes. Il est à regretter que **M.** le ministre des finances, qui a eu le courage de sonder et de découvrir le mal, cherche à dissimuler l'amertume du remède sous des dehors plus ou moins séduisants. Quand les ressources du budget sont insuffisantes, il n'y a que deux partis à prendre : réduire les dépenses, ou emprunter dans la forme la plus simple, c'est-à-dire émettre de la rente perpétuelle sans amortissement obligatoire.

Du reste, la question des travaux publics de 1850 a changé de terrain depuis la présentation du budget. Il s'agit maintenant de concéder à une compagnie la ligne de **Paris** à **Avignon**, moyennant l'abandon des travaux exécutés jusqu'à ce jour, le remboursement des frais afférents à la traversée de Lyon, une concession de quatre-vingt-dix-neuf ans et la garantie de l'intérêt pour les capitaux qui vont être engagés dans cette affaire.

Il y a longtemps qu'on discute pour savoir si les chemins de fer doivent être abandonnés à l'industrie privée, ou bien construits et exploités par l'État. La solution de ce débat est fort difficile, parce qu'on peut donner de très-bonnes raisons pour et contre. Le système des compagnies présente l'avantage d'éviter à l'État des avances considérables, et nul doute qu'il ne faille l'accepter, lorsque les compagnies ne demandent aucune subvention, quand bien même elles devraient réaliser des bénéfices considérables ; il est d'ailleurs conforme à l'équité de faire payer les chemins de fer par ceux qui en profitent directement, par les voyageurs et les marchandises. Mais si ces compagnies réclament le concours de l'État, il y a des limites que celui-ci ne saurait dépasser sans compromettre les intérêts des contribuables. L'affaire du chemin de fer de Paris à Avignon nous paraît être dans ce cas. Il y a surtout une clause que nous ne saurions admettre : c'est celle de la garantie d'un minimum d'intérêt, qui n'est autre chose qu'un bill d'indemnité accordé à toutes les fautes que peut commettre une compagnie. L'esprit se refuse à comprendre comment on peut garantir le succès d'une opération dans laquelle on n'a pas le droit d'intervenir.

Remarquons qu'au point de vue du bien général, les chemins de fer devraient être entre les mains de ceux qui peuvent les livrer au public aux meilleures conditions. Or, indépendamment du produit direct de la circulation, l'État en retire un autre avantage qui résulte de l'accroissement des transactions et par suite des impôts indirects. On est donc fondé à dire que l'État devrait construire les chemins de fer et en affermer l'exploitation en fixant les tarifs.

On objecte souvent que l'État ne doit pas exécuter les grands travaux publics, parce qu'il ne sait pas le faire aussi économiquement que les compagnies. Cette conclusion ne nous paraît pas exacte. Si l'État ne *sait* pas, il doit *apprendre*, et non pas renoncer ; car il peut disposer des mêmes agents et des mêmes ressources que les compagnies.

Enfin on demande où l'État trouvera les fonds

nécessaires. Mais puisque les compagnies sont obligées de s'adresser à son crédit pour trouver des capitaux, ne peut-il pas lui-même réunir ces capitaux sous des conditions débattues. Remarquons bien ce qu'on lui demande. On lui dit : abandonnez-nous les travaux exécutés et même la portion de la ligne qui est déjà en exploitation; puis, garantissez-nous l'intérêt des dépenses qui restent à faire. N'est-il pas évident qu'en payant cet intérêt, l'État peut faire lui-même ces dépenses, et se réserver au moins les bénéfices des travaux antérieurs? En un mot, l'opération est bonne ou mauvaise; mais qu'elle le soit pour tout le monde, tandis que dans le système proposé elle serait nulle ou avantageuse pour la compagnie, nulle ou défavorable pour l'État.

CHAPITRE III.

RÉSUMÉ.

Nous voici arrivés à la partie la plus difficile de cet écrit. La tâche du critique est toujours aisée ; car l'imperfection est inhérente aux hommes et aux institutions humaines. Aujourd'hui plus que jamais, dans les circonstances malheureuses où nous sommes plongés, en face d'un découvert antérieur considérable et d'un déficit futur, il serait insensé de prétendre réparer le mal au moyen d'artifices financiers plus ou moins ingénieux. Les grandes et savantes combinaisons appartiennent aux époques de prospérité. La position actuelle est nette et définie. Ce qu'il faut, ce sont des mesures simples et énergiques.

D'ordinaire la situation politique réagit sur la situation financière. En ce moment, par exception, c'est le contraire qui arrive. Les surexcitations poli-

tiques sont sinon éteintes, du moins amorties. La
grande crise dans laquelle nous aurions pu périr a
perdu sa violence et son intensité. Le malade repose
non pas guéri, mais assoupi et cherchant des forces
pour se relever. Aux yeux de tous les hommes qui
veulent se dégager de l'influence de l'esprit de
parti et des liens des coteries, si la France était
née d'hier, si les récriminations et les souvenirs de
ce qui n'existe plus pouvaient être anéantis, les
institutions actuelles seraient parfaitement aptes à
nous donner la tranquillité matérielle et le déve-
loppement des sources de richesse du pays. Le
temps des questions dynastiques et des discussions
de principes est passé. Nous croyons être dans le
vrai en disant que l'immense majorité des citoyens
demande avant tout l'ordre et le travail; les exi-
gences libérales ont été satisfaites dans la limite
extrême du possible par l'application du vote uni-
versel à l'élection des pouvoirs exécutif et législatif.
Les capitaux accumulés dans les caisses particulières et dans les caves de la Banque n'attendent
qu'un signal pour rentrer dans la circulation et
mettre en produit les éléments d'activité dont la
Providence nous a largement dotés. Mais il faut

bien reconnaître que cette tendance, cette aspira-
tion vers la vie seront paralysées tant que nous n'au-
rons pas fermé le gouffre du passé. Les relations
commerciales d'individu à individu n'en sont pas
moins placées sous la sauvegarde protectrice de ce
grand être moral qu'on appelle le pouvoir. Les
intérêts privés sont toujours en péril quand la situation de l'État est mauvaise.

Sans nous appesantir davantage sur ces notions
élémentaires, ou plutôt sur cet axiôme d'une vérité
incontestable, nous sommes ramenés à chercher le
moyen de nous affranchir du poids des découverts
antérieurs.

Nous avons vu plus haut que ces découverts
s'élevaient au chiffre énorme de 550 millions. Nous
avons expliqué pourquoi la dette flottante devait
être déchargée entièrement de ce fardeau au
moyen d'une consolidation en rentes perpétuelles.
Que cette consolidation soit intégrale, comme nous
le proposons, ou partielle, comme le demande
M. le ministre des finances, cela importe peu à la
question de l'intérêt à servir aux prêteurs, qui s'é-

lève au cours actuel à la somme d'environ **30** millions.

Nous n'hésitons pas à déclarer nettement qu'il
faut que cette somme soit prélevée sur le budget
des dépenses de **1850,** afin que cet exercice soit
libre et quitte de toutes charges antérieures, autres
que les rentes anciennement consolidées, et que
cette mesure soit perpétuée jusqu'à ce que l'amé-
lioration de nos finances permette d'y renoncer.

Il n'est pas difficile d'objecter que les dépenses
ont été réduites autant que possible. Nous l'admet-
tons et nous n'en persistons pas moins à penser
qu'il ne faut retrancher aucune dépense productive,
et que l'économie doit porter sur le budget ordinaire des services publics. Quand l'argent manque,
que fait-on dans une famille? et ici nous croyons
employer la comparaison la plus noble, la plus éle-
vée! l'on réduit le nombre ou les gages des serviteurs. Or la nation n'est autre chose qu'une grande
famille, et la rémunération des serviteurs de l'État
est essentiellement attachée à la fortune publique.
Ne cherchez pas des ressources ailleurs : la pro-

priété est écrasée d'impôts et ses produits se vendent mal ; le commerce et l'industrie sont paralysés, et contribueront à l'accroissement des recettes en raison de l'activité que vous leur donnerez, tandis que de nouvelles taxes les anéantiraient complétement. Il n'y a pas à hésiter. Il n'y a qu'un parti à prendre : diminuer le nombre des fonctionnaires, en profitant des extinctions et des retraites légitimes pour reporter sur ceux qui restent un surcroît de travail, et, s'il le faut même, opérer des retenues sur les traitements existants. Le point important consistera à opérer équitablement ces retenues. Il y a, par exemple, dans le recouvrement des impôts publics un grand nombre d'emplois largement rétribués et qui n'exigent ni antécédents, ni une capacité bien étendue. Ceci n'est point une allusion aux receveurs généraux ; si c'était notre pensée, nous la dirions ouvertement. Nous voulons parler d'une foule d'emplois qui se trouvent dans le même cas, et en faveur desquels on prétend que des émoluments considérables sont une garantie pour l'État. Nous ne saurions admettre cette justification. Nous sommes trop fiers de notre pays pour croire que chez nous l'intérêt est la base essentielle de la

probité. Ainsi la magistrature, qui est sans contre-
dit la carrière la moins rétribuée, jouit à juste titre
d'un respect et d'une considération que n'ont pu
altérer ni les orages politiques, ni même les plaintes
de ceux dont elle rejette les prétentions ou punit
les écarts. Mais voyez l'armée peuplée d'officiers
sans fortune et très-médiocrement rétribués; dites
si au jour du danger il en est un seul qui soit tenté
de trahir son drapeau, et avouez que ce n'est
jamais l'insuffisance du traitement qui peut porter
un homme à manquer à son devoir, qui est le drapeau de tous.

Sait-on à quoi servent les gros traitements? Ils
servent à faire contracter à ceux qui en jouissent
des habitudes de luxe et de dépense disproportion-
nées avec leur fortune personnelle, et c'est presque
toujours la certitude que cette source tarira qui
entraîne les mauvais citoyens à manquer à l'hon-
neur. Nous ne parlons pas ici des positions longue-
ment et laborieusement acquises, et notre pensée
doit être comprise.

Sans doute, c'est une mesure grave et douloureuse que de toucher à la position de fonctionnaires publics; mais le salut de l'État, qui est aussi leur salut, fait de cette mesure une impérieuse nécessité. Nous croyons, du reste, qu'il est possible de diminuer le nombre des emplois, de manière à ne pas réduire sensiblement les traitements.

Si cette proposition était adoptée, le gouvernement français donnerait au monde un grand exemple de patriotisme, celui d'une administration qui s'impose elle-même des sacrifices pour sauver le pays d'une ruine imminente, en revivifiant les sources du crédit public et privé. Car, nous n'en doutons pas, et nous le répétons à dessein : écarter les charges des découverts anciens, c'est préparer à la France un magnifique avenir; c'est revenir en arrière de quelques années avec l'expérience des fautes commises.

Nous avons fait connaître notre pensée au sujet de l'impôt sur le revenu, que presque tout le monde s'accorde à rejeter. En fait de remaniement d'impôts anciens, il en est un que nous croyons pouvoir être modifié, sinon au profit du Trésor, du moins dans une vue d'équité. Nous voulons parler de l'impôt des patentes. On sait que depuis quelque temps les petits commerçants et les commerçants spéciaux se plaignent de ce que des établissements puissamment commandités leur font une concurrence inégale, en exploitant simultanément plusieurs branches de commerce. On se plaint aussi de ce que la patente pèse proportionnellement beaucoup plus sur les petits négociants que sur les grandes maisons. Nous croyons qu'on pourrait satisfaire à ces réclamations, en décidant qu'à *l'avenir la patente sera proportionnelle au loyer commercial.*

Enfin, en ce qui concerne l'exécution des grands travaux publics extraordinaires et notamment le chemin de fer de Paris à la Méditerranée, s'il est vrai que la garantie de l'État soit indispensable pour réunir les capitaux nécessaires, nous avons indiqué la marche à suivre que nous croyons la meilleure. Au lieu de ne courir que les mauvaises chances de l'opération, il est évidemment préférable que l'État s'adresse directement aux capitalistes, achève les travaux, profite de ceux qui sont déjà exécutés au lieu de les abandonner, et ne soit en définitive tenu

de servir l'intérêt des nouveaux versements qu'autant que les produits de l'exploitation de la ligne
totale ne pourront y suffire.

Parvenus au terme de ce travail, résumons briè-
vement, et en peu de chiffres, le budget de l'année
1850.

Les retenues opérées sur les services publics pro-
duiront une économie de. . . 30,000,000 fr.

L'annulation des réserves de
l'amortissement et la mise en
recette du produit de la dotation
donneront une somme de. . . 145,238,860

Total. . . 175,238,860

Or le déficit prévu était de. . 320,378,228

Reste. . . 155,139,368

Dans cette somme est comprise celle de
103,184,000 fr., applicable aux travaux publics.
Or le système que nous avons exposé a pour prin-
cipal avantage de procurer ces fonds à l'État. Nul

doute que les capitalistes répondent à son appel, puisqu'ils trouveront la même garantie qu'en s'adressant à une compagnie, et que leurs affaires seront au moins confiées à des mains qui seront directement intéressées à ce qu'elles soient bien dirigées. Il est même incontestable que les titres de cet emprunt spécial seront émis à un taux plus élevé que celui de la rente, puisqu'en dehors de l'intérêt les prêteurs pourront attendre un dividende.

En conséquence si de la somme de 155,139,368 francs on défalque celle qu'on obtiendra ainsi, il restera un déficit qui n'a rien d'effrayant; car, sans parler de l'augmentation qu'on peut espérer dans les recettes prévues par suite d'une sage administration financière, il faut remarquer que l'État a aussi des créances arriérées à recouvrer, et que, d'ailleurs, la ressource de la dette flottante lui reste intacte.

FIN.

TABLE DES MATIÈRES.

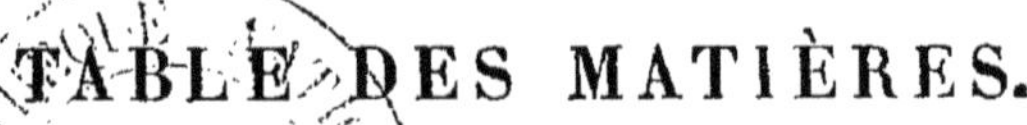

—